Ordnung der Schaben

Die Schabe ist von eher mittlerer Größe, wenn einige Arten auch nicht mehr als 5 mm messen. Ihr Körper ist stark abgeflacht.

Die Farbe der Schaben variiert von schwarzbraun bis ocker.

Das Pronotum bildet einen Schild oberhalb ihres Kopfes, der nach hinten abfällt. Die Mundwerkzeuge sind beißend-kauend, die Antennen lang und gegliedert.

Schaben verfügen über vier Flügel, obwohl einige Arten nicht fliegen.

Diese Flügel sind vor allem bei männlichen Tieren ausgebildet. Die Flügel der weiblichen Tiere sind verkümmert oder nicht vorhanden. Die zwei Flügelpaare weisen weder dieselbe Form noch dieselbe Struktur auf. Die vorderen Flügel sind in den meisten Fällen ledrig, sehr starr und zum Fliegen nicht geeignet, während die hinteren Flügel breit und membranartig sind. Sie werden nur selten genutzt, da Schaben nur über kurze Entfernungen fliegen.

Die wichtigsten Fortbewegungsmittel sind die gut entwickelten Beine, die den Schaben einen schnellen Lauf ermöglichen.

Im Allgemeinen ernähren sie sich von pflanzlichen Stoffen. Nur die häuslichen Arten sind Allesfresser. Diese Arten ernähren sich bei Nacht und sind äußerst schädlich, was ihnen die Bezeichnung »Ungeziefer« eingetragen hat.

Die Eier werden in einer Art Tasche abgelegt, die das Weibchen am Ende ihres Abdomens trägt, bis sie ein geeignetes Versteck findet.

Die Schaben sind eine sehr alte Ordnung, die schon im Paläozoikum (Karbon und Perm) auftrat.

Man schätzt, dass es etwa 3000 Arten von Schaben gibt, von denen die meisten in den Tropen leben. Australien zählt allein 450 Arten, während in Europa nur etwa dreißig vorkommen. Übrigens stammen die meisten unserer Arten ursprünglich aus den Tropen.

Ich danke Corbeyran für dieses Szenario, das ich mit viel Freude umgesetzt habe.
Sternis dafür, dass er mir noch einmal die Finessen des Metiers zeigte.
Ich danke auch Serge, Mary Su, Jeuf, David und Hugues für ihre Unterstützung
seit der ersten Stunde, ebenso wie Claude, Dominique, Laune und Fahn.
Ich danke meiner Gwanda, Ben, Mr Payne und Lucette dafür, dass sie mich aufgenommen haben.
Danke an die vom FC dafür, dass sie mich ein bisschen unter Leute gebracht haben:
Vinz, Jim, Jack, Lilimba, Pascualito, Tumbao, Choco, die Hexen, Timbera, die Arlesier, etc.
Ein letztes Dankeschön gilt Mimi und Aurore für ihre zahlreiche Kritik!
Und schließlich Sabrina, dem Ekel, den winners und all den anderen, die ich vergessen habe …

Horne

Titel der Originalausgabe: *La Métamorphose*
Erschienen bei Ex-Libris, Guy Delcourt Productions, Paris 2009
Copyright © 2009 Guy Delcourt Productions – Corbeyran – Horne, Paris, Frankreich

Grafisches Konzept: Trait pour Trait

Deutsche Erstausgabe
4. Auflage 2013
Copyright © 2010 von dem Knesebeck GmbH & Co. Verlag KG, München
Ein Unternehmen der La Martinière Groupe

Herstellung und Produktion: VerlagsService Dr. Helmut Neuberger &
Karl Schaumann GmbH, Heimstetten
Druck und Bindung: Print Consult, München
Printed in the EU

ISBN 978-3-86873-266-5

www.knesebeck-verlag.de

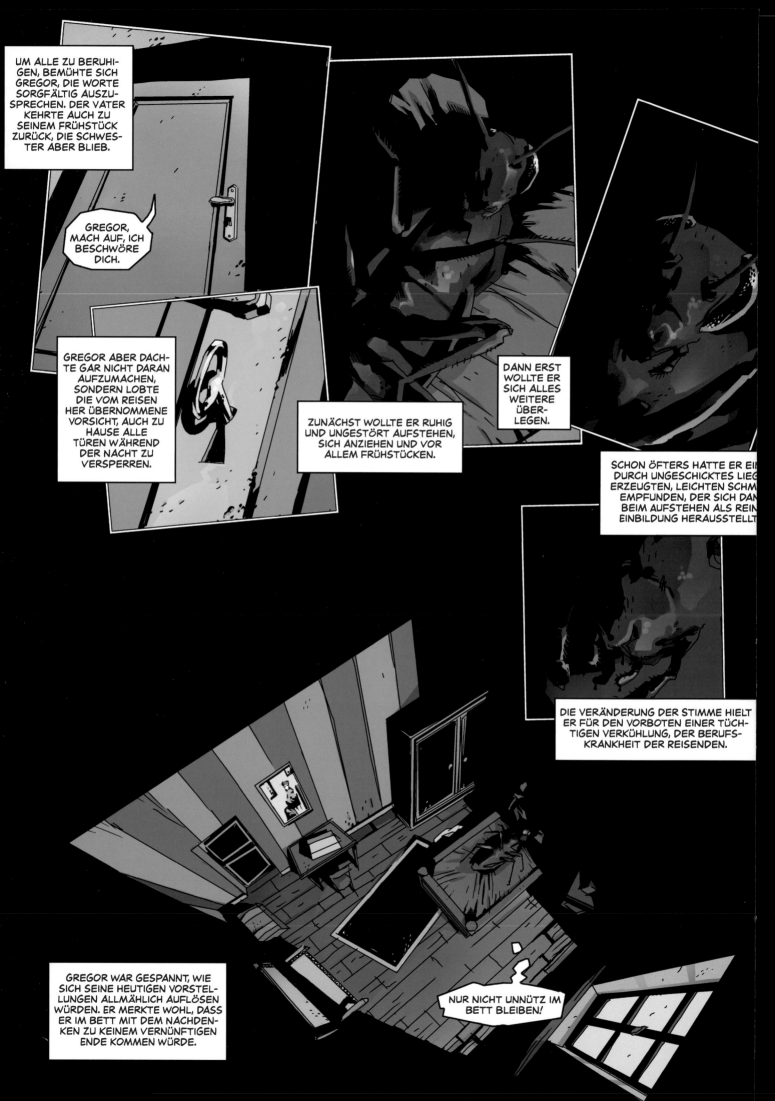

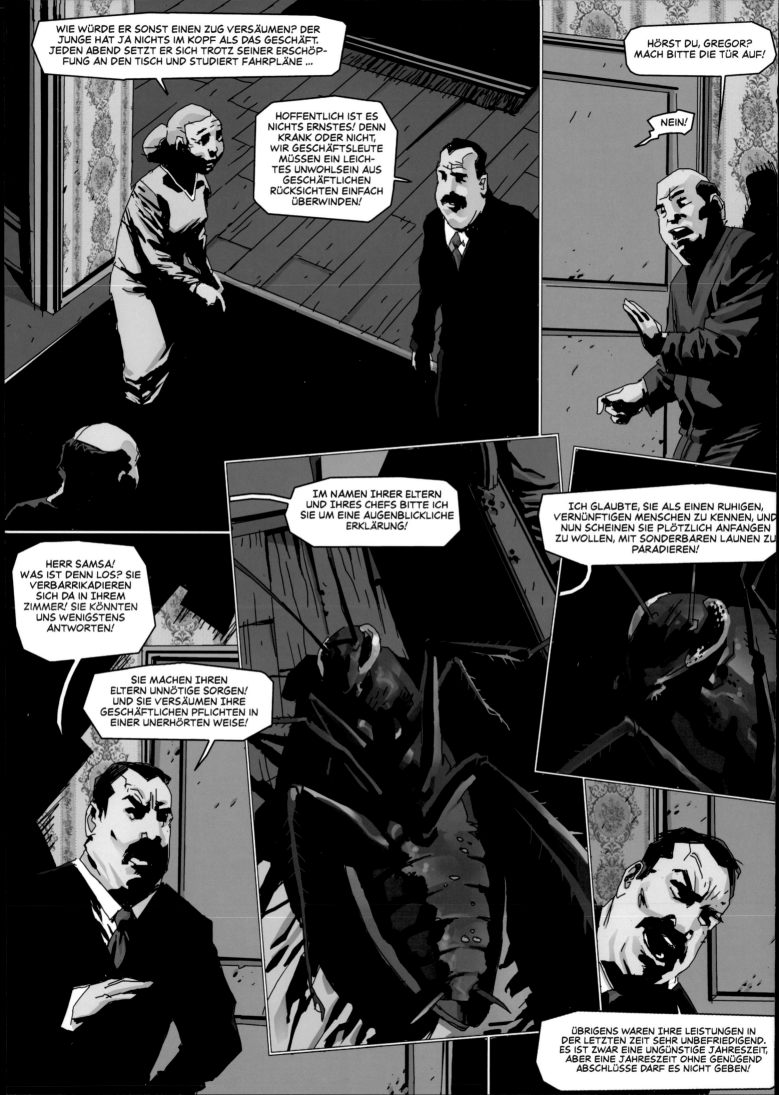

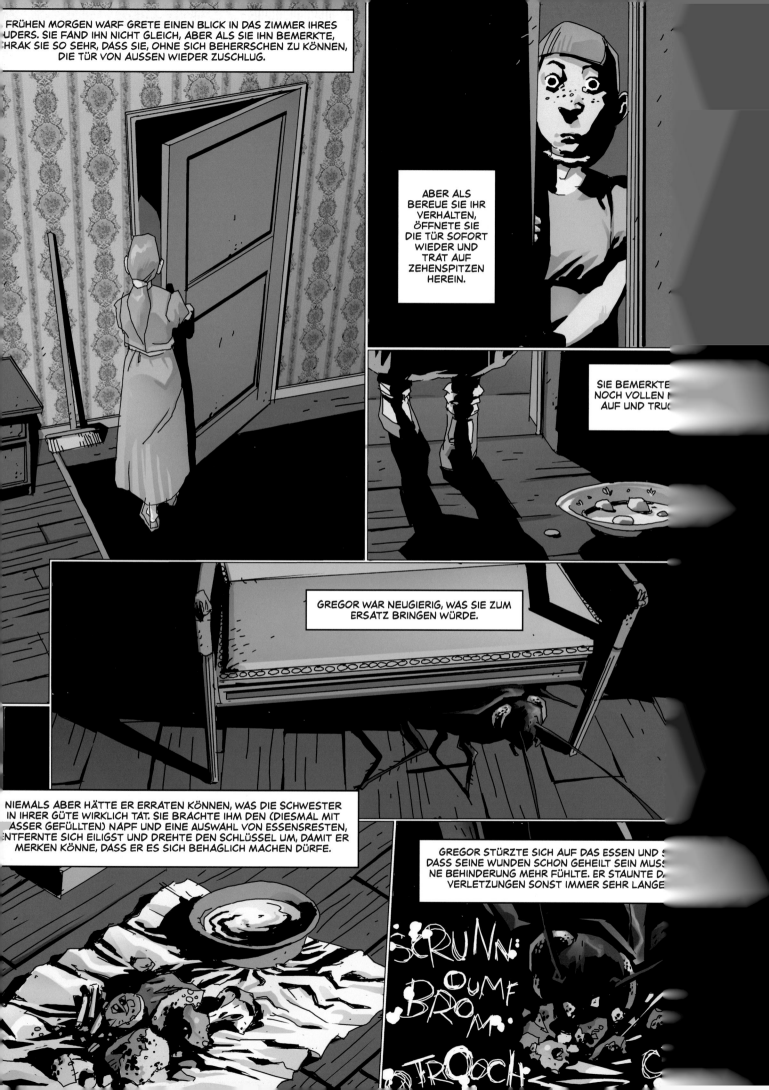

AUF DIESE WEISE BEKAM NUN GREGOR TÄGLICH SEIN ESSEN.

GRETE STELLTE ES IHM AM MORGEN IN SEIN ZIMMER, WENN DIE ELTERN NOCH SCHLIEFEN, UND DAS ZWEITE MAL WÄHREND IHRES MITTAGSSCHLAFS.

GEWISS WO... SIE IHNEN GLEICH DEN BLICK UND KLEINE TRA... ERSPARE... DENN TATS... LICH LITT... SIE JA GER... GENUG

MIT WELCHEN AUSREDEN MAN AN JENEM ERSTEN VORMITTAG DEN ARZT UND DEN SCHLOSSER WIEDER AUS DER WOHNUNG GESCHAFFT HATTE, KONNTE GREGOR GAR NICHT ERFAHREN, DENN DA ER NICHT VERSTANDEN WURDE, DACHTE NIEMAND DARAN, DASS ER DIE ANDEREN VERSTEHEN KÖNNE.

WÄHREND GREGOR ABER UNMITTELBAR KEINE NEUIGKEIT ERFAHREN KONNTE, ERHORCHTE ER MANCHES AUS DEN NEBENZIMMERN, INDEM ER SICH MIT GANZEM LEIB AN DIE TÜR DRÜCKTE.

SLURP SCROIN

IN DER ERSTEN ZEIT GAB ES KEIN GESPRÄCH, DAS NICHT IRGENDWIE VON IHM HANDELTE. STÄNDIG WAREN BERATUNGEN DARÜBER ZU HÖREN, WIE MAN SICH JETZT VERHALTEN SOLLE.

SO ERFUHR ER, DASS DAS DIENSTMÄDCHEN GLEICH AM ERSTEN TAG NACH SEINER VERWANDLUNG KNIEFÄLLIG UM ENTLASSUNG GEBETEN UND GESCHWOREN HATTE, GEGENÜBER NIEMANDEM AUCH NUR DAS GERINGSTE ZU VERRATEN. NUN KÜMMERTEN SICH GRETE UND DIE MUTTER UM DEN HAUSHALT.

UND DIE ERST SIEBZEHNJÄHRIGE GRETE SOLLTE GELD VERDIENEN, DER IHRE BISHERIGE LEBENSWEISE SO SEHR ZU GÖNNEN WAR, DIE DARAUS BESTANDEN HATTE, SICH NETT ZU KLEIDEN, AN EIN PAAR BESCHEIDENEN VERGNÜGUNGEN SICH ZU BETEILIGEN UND VIOLINE ZU SPIELEN? SEIT GREGORS VERWANDLUNG HATTE SIE SCHON SO VIEL ZU TUN!

ZWEIMAL TÄGLICH, Z ESSENSZEIT, LIEF SIE, O SICH ZEIT ZU NEHME DURCH DAS ZIMMER G RADEWEGS ZUM FENST RISS ES MIT HASTIGE HÄNDEN AUF, BLIEB E WEILCHEN DORT STEH UND ATMETE TIEF.

DIE ELTERN, DIE ES IMMER NOCH NICHT ÜBER SICH BRINGEN KONNTEN, ZU IHM HEREINZUKOMMEN, LOBTEN OFT DEN EIFER IHRER TOCHTER, DIE IHNEN BISHER ALS EIN ETWAS NUTZLOSES MÄDCHEN ERSCHIENEN WAR.

CLAC

DIE MUTTER ÜBRIGENS WOLLTE VER-HÄLTNISMÄSSIG BALD GREGOR BESUCHEN. DER VATER UND DIE SCHWESTER HIELTEN SIE ZU-ERST MIT VER-NUNFTGRÜNDEN, SPÄTER ABER MIT GEWALT ZURÜCK.

ER IST JA MEIN UN GLÜCKLICHER SOH BEGREIFT IHR ES DE NICHT?!

ICH MUSS ZU IHM!

GREGOR DACH DASS ES GUT W. WENN DIE MU TER HEREINKÄM NICHT JEDEN T NATÜRLICH, AB VIELLEICHT EINM IN DER WOCHE. HÄTTE SCHLIES LICH ALLES BES VERSTEHEN KÖ NEN ALS SIE?

ABER GRETE WAR LEIDER ANDERER MEINUNG. SIE HATTE SICH, NICHT GANZ UNBERECHTIGT, ANGE-WÖHNT, BEI BESPRE-CHUNG DER ANGELE-GENHEITEN GREGORS ALS BESONDERS SACHVERSTÄNDIGE GEGENÜBER DEN EL-TERN AUFZUTRETEN, UND SO BESTAND SIE AUCH JETZT AUF DER ENTFERNUNG NICHT NUR DES KASTENS UND DES SCHREIB-TISCHES, SONDERN SÄMTLICHER MÖBEL, MIT AUSNAHME DES UNENTBEHRLICHEN KANAPEES.

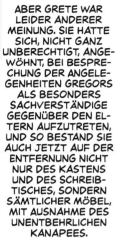

ES WAR NATÜRLICH NICHT NUR KINDLICHER TROTZ UND DAS IN DER LETZTEN ZEIT SO UNERWARTET UND SCHWER ERWORBENE SELBSTVERTRAUEN, DAS SIE ZU DIESER FOR-DERUNG BESTIMMTE; SIE HATTE DOCH AUCH TATSÄCHLICH BEOBACHTET, DASS GREGOR VIEL RAUM ZUM KRIECHEN BRAUCHTE, DAGEGEN DIE MÖBEL, SOWEIT MAN SEHEN KONNTE, NICHT IM GERINGSTEN BENÜTZTE.

UND SO VERSTUMMTEN DIE EINWÄNDE DER MUTTER, DIE IHR NACH KRÄFTEN BEIM HINAUSSCHAFFEN DER MÖBEL HALF.

ALS DIE FRAUEN GERADE IM NEBENZIMMER WAREN, VERLIESS GREGOR VORSICHTIG SEIN VERSTECK, UM EINEN EINDRUCK SEINER LAGE ZU GEWINNEN.

AN DER IM ÜBRIGEN SCHON LEEREN WAND SAH ER DAS AUFFÄLLIGE BILD DER IN LAUTER PELZWERK GEKLEIDE-TEN DAME HÄNGEN.

ER KROCH EILENDS HINAUF UND PRESSTE SICH AN DAS KÜHLE GLAS, DAS SEINEM HEIS-SEN BAUCH WOHL TAT.

DAS NIMMT MIR WENIGS-TENS NIEMAND WEG ...

LIEBER SPRINGE ICH IHNEN INS GESICHT!

STILLER BEOBACHTER STELLTE GRE-R FEST, DASS DER HAUSHALT IMMER MEHR EINGESCHRÄNKT WURDE.

DIE GRÖSSTE KLAGE WAR ABER, DASS MAN DIESE ZU TEURE WOHNUNG NICHT VERLASSEN KONNTE, DA ES NICHT AUSZU-DENKEN WAR, WIE MAN GREGOR ÜBERSIEDELN SOLLTE.

ES WURDEN OGAR FAMI-ENSCHMUCK-STÜCKE, WELCHE RÜHER DIE UTTER UND E SCHWESTER ERGLÜCKLICH TRAGEN HAT-N, VERKAUFT.

ABER GREGOR SAH WOHL EIN, DASS ES NICHT NUR DIE RÜCKSICHT AUF IHN WAR, WELCHE DIE FAMILIE VOM WOHNUNGSWECHSEL ABHIELT, DENN IHN HÄTTE MAN DOCH IN EINER PASSENDEN KISTE LEICHT TRANSPORTIEREN KÖNNEN.

ES WAREN VIELMEHR DIE HOFF-NUNGSLOSIGKEIT UND DER GEDANKE DARAN, DASS SIE MIT EINEM UNGLÜCK GESCHLAGEN WAR WIE NIEMAND SONST IM GANZEN VERWANDTEN- UND BEKANNTENKREIS.

SIE TATEN, WAS IHRE SITUATION VERLANGTE, UND DARÜBER HATTE GREGOR SEINEN APPETIT VERLOREN.

Zimmer zu vermieten

NUR WENN ER ZUFÄLLIG AN DER VORBEREI-TETEN SPEISE VORÜBERKAM, NAHM ER ZUM SPIEL EINEN BISSEN IN DEN MUND, HIELT IHN DORT STUNDENLANG UND SPIE IHN DANN MEIST WIEDER AUS.

MAN HATTE EIN ZIMMER DER WOHNUNG AN DREI ERNSTE, PEINLICH AUF ORDNUNG BEDACHTE HERREN VERMIETET.

SIE HATTEN IHRE EIGENEN EINRICHTUNGS-STÜCKE MITGEBRACHT. AUS DIESEM GRUNDE WAREN VIELE DINGE ÜBERFLÜSSIG GEWOR-DEN, DIE ZWAR NICHT VERKÄUFLICH WAREN, DIE MAN ABER AUCH NICHT WEGWERFEN WOLLTE. ALLE DIESE WANDERTEN IN GREGORS ZIMMER.

DA DIE ZIMMERHERREN MANCH MAL AUCH IHR ABENDESSEN ZU HAUSE EINNAHMEN, BLIEB DIE WOHNZIMMERTÜR AN MANCHEN ABENDEN GESCHLOSSEN.

ABER GREGOR VERZICHTETE GANZ LEICHT AUF DAS ÖFFNEN DER TÜR, HATTE ER DOCH SCHON MANCHE ABENDE, AN DENEN SIE GEÖFFNET WAR, NICHT AUSGENÜTZT, SONDERN WAR, OHNE DASS ES DIE FAMILIE MERKTE, IM DUNKELSTEN WINKEL SEINES ZIMMERS GELEGEN.

GREGOR HAT-
TE SICH, VOM
KLANG DER
VIOLONE AN-
GEZOGEN,
EIN WENIG WEITER
VORGEWAGT.

ZU SEINER
ÜBERRASCHUNG
MUSSTE DIE
KÖCHIN, NACHDEM
SIE IHM EINE
HANDVOLL
OBSTRESTE
HINGEWORFEN
HATTE, DIE TÜR
ZUM WOHNZIMMER
OFFEN GELASSEN
HABEN. GREGOR
HATTE KEINE
SCHEU, VOR-
ZURÜCKEN.
NIEMAND ACHTETE
AUF IHN.

DIE FAMILIE
WAR GÄNZ-
LICH VOM
VIOLINSPIEL
IN ANSPRUCH
GENOMMEN.

DIE ZIMMERHERREN DAGEGEN
SCHIENEN IN IHRER ANNAHME, EIN
SCHÖNES UND UNTERHALTENDES
VIOLINSPIEL ZU HÖREN, ENTTÄUSCHT.

GREGOR KROCH NOCH
EIN STÜCK VORWÄRTS
UND HIELT DEN KOPF
ENG AN DEN BODEN.
WAR ER EIN TIER, DA
IHN MUSIK SO ER-
GRIFF? IHM WAR, ALS
ZEIGE SICH IHM DER
WEG ZU DER ERSEHN-
TEN UNBEKANNTEN
NAHRUNG.

GREGOR WAR ENTSCHLOSSEN, BIS ZUR SCHWESTER VORZUDRINGEN,
SIE AM ROCK ZU ZUPFEN UND IHR DADURCH ZU BEDEUTEN,
SIE MÖGE DOCH MIT IHRER VIOLINE IN SEIN ZIMMER KOMMEN,
DENN NIEMAND LOHNTE HIER DAS SPIEL SO, WIE ER ES LOHNEN WOLLTE.

ER WOLLTE SIE NICHT MEHR AUS SEINEM ZIMMER LASSEN,
WENIGSTENS NICHT, SOLANGE ER LEBTE. SEINE SCHRECK-
GESTALT SOLLTE IHM NÜTZLICH WERDEN, AN ALLEN TÜREN
SEINES ZIMMERS WOLLTE ER GLEICHZEITIG SEIN UND DEN
ANGREIFERN ENTGEGENFAUCHEN.

DIE SCHWESTER ABER SOLLTE NICHT GEZWUNGEN,
SONDERN FREIWILLIG BEI IHM BLEIBEN. SIE SOLLTE
NEBEN IHM AUF DEM KANAPEE SITZEN UND DAS OHR
ZU IHM HERUNTERNEIGEN.

UND ER WOLLTE IHR DANN ANVERTRAUEN,
DASS ER DIE FESTE ABSICHT GEHABT HABE,
SIE AUF DAS KONSERVATORIUM ZU SCHICKEN,
WENN NICHT DAS UNGLÜCK DAZWISCHEN
GEKOMMEN WÄRE.

NACH DIESER
ERKLÄRUNG WÜRDE
DIE SCHWESTER
IN TRÄNEN DER
RÜHRUNG AUSBRE-
CHEN, UND GREGOR
WÜRDE IHREN HALS
KÜSSEN.

KAUM WAR ER ALLEIN, KONNTE GREGOR SICH ÜBERHAUPT NICHT MEHR RÜHREN. IHM WAR, ALS WÜRDEN DIE SCHMERZEN SCHWÄCHER UND SCHWÄCHER. ER SAH SICH IM DUNKELN UM UND DACHTE AN SEINE FAMILIE MIT RÜHRUNG UND LIEBE ZURÜCK.

UND JETZT?

SEINE MEINUNG DARÜBER, DASS ER VERSCHWINDEN MÜSSE, WAR WOMÖGLICH NOCH ENTSCHIEDENER ALS DIE SEINER SCHWESTER. IN DIESEM ZUSTAND LEEREN UND FRIEDLICHEN NACHDENKENS BLIEB ER, BIS ES DRAUSSEN HELLER WURDE.

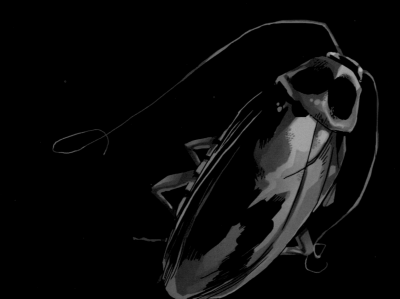

DANN SANK SEIN KOPF NIEDER, UND AUS SEINEN NÜSTERN STRÖMTE SEIN LETZTER ATEM SCHWACH HERVOR.

COMIC DE LUXE

Erotische Comics
978-3-86873-**190**-3

Comic Art Now
Künstler, Stile, Genres
978-3-86873-**282**-5

Vom Irrsinn des Lebens
Woody Allen in Comic Strips
978-3-86873-**148**-4

20.000 Meilen
unter dem Meer
978-3-86873-**198**-9

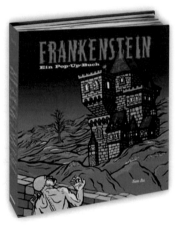

Frankenstein
978-3-86873-**220**-7

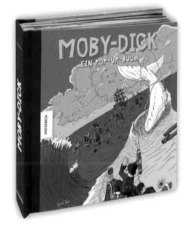

Moby-Dick
978-3-86873-**136**-1

Und wir träumten
von der Zukunft
978-3-86873-**150**-7

Mutter hat Krebs
978-3-89660-**356**-2

Auf der Suche
nach der verlorenen Zeit
978-3-86873-**261**-0

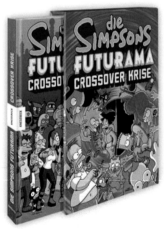

Die Simpsons Futurama
Crossover Krise
978-3-86873-**217**-7

KNESEBECK
Das besondere Buch

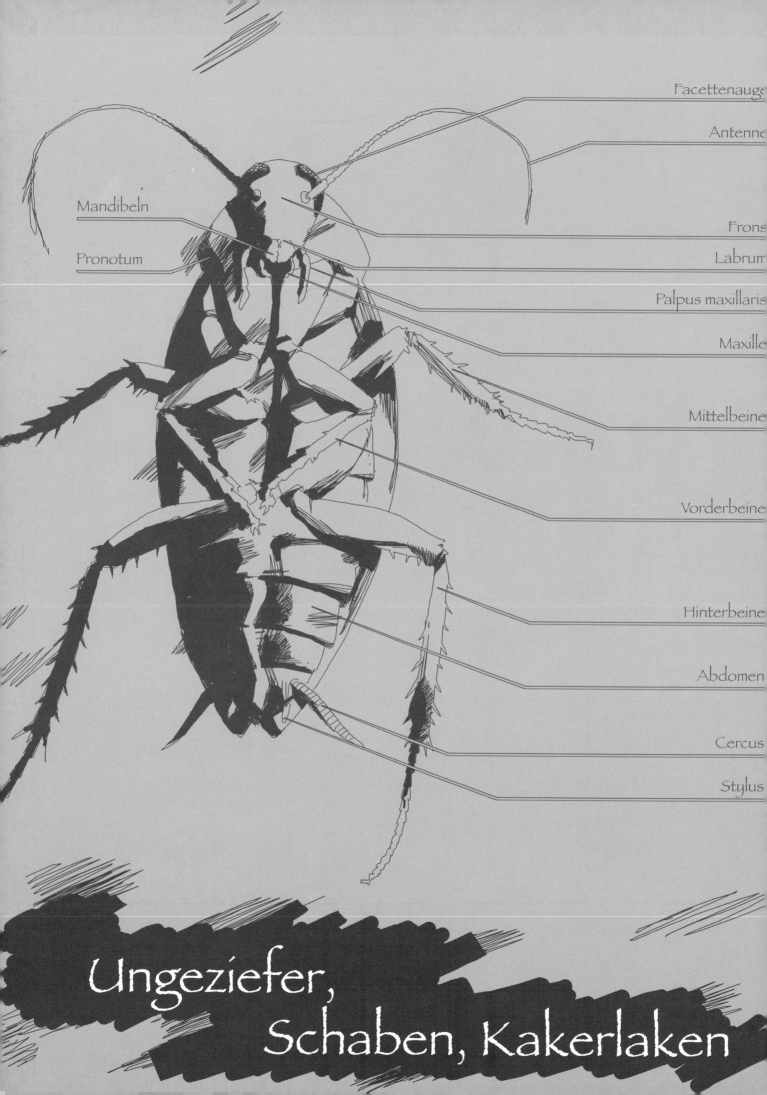

Facettenauge

Antenne

Frons

Labrum

Palpus maxillaris

Maxille

Mittelbeine

Vorderbeine

Hinterbeine

Abdomen

Cercus

Stylus

Mandibeln

Pronotum

Ungeziefer,
Schaben, Kakerlaken